DEBUT D'UNE SERIE DE DOCUMENTS EN COULEUR

LES LIMITES

DE

L'ANCIENNE PROVINCE DE TOURAINE

PAR

H. FAYE

TOURS

IMPRIMERIE E. ARRAULT ET Cie

6, RUE DE LA PRÉFECTURE, 6

1887

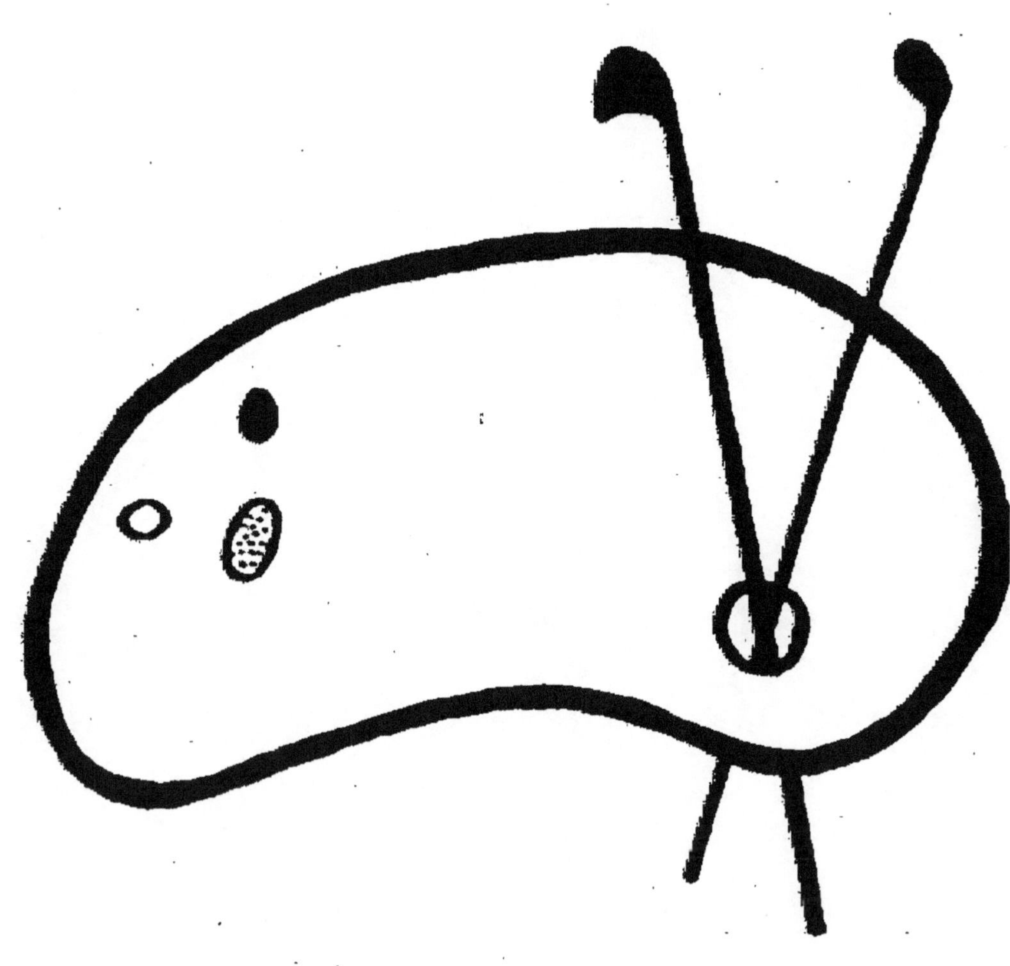

FIN D'UNE SERIE DE DOCUMENTS
EN COULEUR

LES LIMITES

DE

L'ANCIENNE PROVINCE DE TOURAINE

Afin de traiter avec fruit cette importante question qui consiste à déterminer les *limites de l'ancienne province de Touraine*, il importe tout d'abord de s'entendre sur le sens propre des mots et de placer au seuil même de cette discussion une définition exacte. Il faut se garder de donner au mot province l'acception vague et indéterminée de région, contrée ou pays. La province de Touraine peut, dans le langage usuel, être prise pour le pays de Touraine; dans le langage scientifique il n'en doit pas aller ainsi. La province dans la langue de l'ancien régime a eu une acception aussi précise que le département de nos jours. La province dans les, pays d'élections, ainsi nommés par opposition aux pays d'états, était une subdivision administrative de la généralité et se subdivisait elle-même en circonscriptions dénommées élections. Le régime monarchique s'étant substitué au régime féodal, aux comtes et aux ducs héréditaires ou apanagistes avaient succédé les gouverneurs royaux dans l'ordre militaire et les intendants commissaires départis du conseil du roi dans l'ordre administratif. La Touraine, après avoir successivement passé sous la domination des comtes héréditaires de Tours, puis des ducs d'Anjou, après avoir été en 1386 érigée en duché et possédée en apanage jusqu'en 1576, subit dans la seconde moitié du XVIᵉ siècle la même transformation que les autres provinces du royaume. En 1545 elle fut érigée en gouvernement général. En 1570, Charles IX ayant divisé le royaume en 17 généralités, la Touraine fut définitivement réunie au Maine et à l'Anjou, pour former un seul département sous le nom de généralité de Tours (1). A partir de cette époque

---

(1) Chalmel, *Tablettes chronologiques de Touraine*. Introduction. Chalmel. *Histoire de Touraine*. Introduction.
Tableau de la généralité de Tours, 1762-1766, par M. de Voglie.

et jusqu'à la chute de l'ancien régime les diverses circonscriptions de la généralité restèrent immuables et ne subirent aucune modification ni dans l'ordre militaire ni dans l'ordre administratif, non plus que dans l'ordre ecclésiastique ou dans l'ordre judiciaire. En effet, comme le fait observer en 1664, dans son rapport au roi le commissaire départi, Charles Colbert de Croissy, la généralité de Tours se divise dès lors de la façon suivante:

Pour le spirituel, en trois diocèses : Tours, Angers et Le Mans ;

Pour l'état militaire, en trois gouvernements : Touraine, Anjou, Maine ;

Pour la justice, en cinq présidiaux : Tours, Angers, Le Mans, La Flèche et Château-Gontier ;

Pour les finances, en seize élections ; et plus loin il indique que la province de Touraine comprenait les six élections de Tours, Loches, Chinon, Amboise, Richelieu et Loudun.

Chose à noter : chacune de ces circonscriptions est distincte des autres et leurs limites ne se confondent pas. Tandis que l'ancien duché de Touraine contenait 390 paroisses, le diocèse en comprenait 303 (1), la province en comprenait 395 d'après Chalmel et 422 d'après le tableau de la généralité de Tours daté de 1762 et dû à la plume de M. de Voglie. Le pays de la Brenne, qui faisait partie du diocèse et de la généralité de Bourges, appartenait au gouvernement de Touraine. Le bailliage de Châtillon-sur-Indre étendait son ressort sur partie de la Touraine, bien que la ville de Châtillon appartint au Berry, et spécialement sur le bailliage de Montrichard, bien que cette dernière ville appartint à l'élection d'Amboise. On voit par ces quelques exemples combien grande était la confusion et quel soin il faut apporter dans la détermination des limites respectives de ces circonscriptions diverses.

Par bonheur les cartes abondent. La première par ordre chronologique est une carte du duché de Touraine par Isaac François, grand voyer de Touraine ; elle est datée de 1592 et ce qui en fait la rareté et le prix elle fut gravée et éditée à Tours par l'imprimeur Bouguereau (2). Elle fut plus tard rééditée à Amsterdam, par Blaew. Les cartes du duché de Touraine publiées en 1620 et 1645 à Amsterdam

(1) Chalmel.
De Voglie, *op. cit.*
(2) Voir Chalmel, 4e vol. verbis *Bouguereau* et *François (Isaac)*.

et dues à Hondy et à Janson, ainsi que celle attribuée à dom Tassin, sont manifestement des reproductions de la carte originaire d'Isaac François. Or si nous nous reportons à ces diverses cartes pour restituer les limites véritables de l'ancien duché de Touraine, nous y voyons combien, dès cette époque, il existait peu de précision dans l'établissement de ces frontières fictives qui séparaient entre eux les duchés et les gouvernements. Si du côté du Blaisois, de l'Anjou et du Poitou les limites sont nettement établies il n'en est pas de même du côté du Maine et du Berry, où le géographe, sans doute pour marquer son embarras, a suspendu le tracé comme s'il y avait été contraint par les dimensions du cadre.

Au surplus les limites de l'ancien duché existent dans leurs parties essentielles.

Au Nord le duché de Touraine prenait au Vendômois tout le pays jusques et y compris Onzain, Herbault, St-Amand et Prunay. Il prenait au Maine les deux rives du Loir, même au-delà de Chahaignes et Vouvray-sur-Loir. A l'ouest il laissait en Anjou Chenu, Château-la-Vallière qui s'appelait alors Chasteaux-en-Anjou, Channay, Courcelles, Rillé, Hommes et Chouzé, conservant Benais, Restigné et Bourgueil. Au sud-ouest sa limite entre la Loire et la Vienne différait très peu de celle de notre département actuel, laissant Loudun en Poitou et Richelieu en Touraine. Au sud il prenait au Poitou tout le pays jusques et y compris Méré, Lésigny, Cussé-les-Bois et la Roche-Posay ; il empruntait au Berry tout le pays de Brenne dont les frontières restaient indéterminées englobant toute la vallée de la Claise, tout le cours de l'Indre jusques et au-delà de Buzançais ;

A l'est il prenait encore au Berry tout le pays de Selles-sur-Mahon à Mareuil-sur-Cher, il prenait au Blaisois le pays entre le Cher et la Loire, Montrichard, Bourrée, Vineuil, Fougères, Pontlevoy et Vallières-les-Grandes, laissant au Blaisois, Thésée et Chaumont.

Nous avons cru devoir indiquer d'une façon aussi détaillée les limites de l'ancien duché de Touraine, parce qu'il nous a semblé que le plus souvent les erreurs commises dans la fixation des limites de l'ancienne province provenaient de ce que l'on confondait trop volontiers la province avec le duché.

Nous pourrions également restituer les frontières de l'ancien diocèse de Tours d'après la carte de Janson datée de 1674 et celle de Vaugondy, publiée vers 1764. Il serait plus difficile de retrouver celles du gouvernement. Citons toutefois une carte non datée d'un géographe sans notoriété, de N. de Fer, et qui comprend le Maine, l'Anjou, la Touraine, la Beauce et la Sologne, le Perche-Gouet, le Vendômois, le Dunois, le Blaisois, l'Orléanais et le Pays Chartrain. Citons également la carte de Vaugondy sur laquelle nous reviendrons tout à l'heure.

Mais si les bornes du gouvernement, division militaire plus virtuelle que réelle depuis que la fonction de gouverneur est devenue un titre presque exclusivement honorifique, restent indécises et indéterminées sur plus d'un point, il est facile de comprendre qu'il n'en est pas de même en ce qui concerne celles de la province, division administrative d'autant plus importante que depuis 1637 les intendants joignent à leurs attributions en matière de police et de justice administrative le droit de connaître de toutes les affaires qui concernent les impôts et l'administration des fonds publics.

Des attributions aussi multiples, aussi élevées, ne peuvent s'exercer sans que le territoire qui leur est soumis soit nettement défini et délimité. Aussi voyons-nous dès cette époque les divisions de la généralité de Tours en trois provinces et spécialement de la Touraine en six élections se fixer d'une façon immuable qui ne comportera plus aucun changement jusqu'en 1790 (1).

Les cartes de Jaillot dressées en 1709 et 1711 et qui, par leur dédicace à l'intendant Turgot, ont un caractère officiel, nous donnent de la façon la plus précise les limites de la province et des six élections qui la composent. — Entre le Cher et la Loire, la province rendait à la généralité d'Orléans tout le pays à l'est de St-Aignan, Thésée, Pontlevoy, Fougères et Chaumont ; elle conservait Mareuil, Pouillé, Montrichard, Bourré et Vallières-les-Grandes.

Au nord de la Loire, elle perdait Onzain, Authon, même Monthodon, Les Hermites, la Ferrière et Epeigné ; elle restituait à la province du Maine, Chemillé, Beaumont-la-Chartre et Dissay ; elle laissait en Anjou, Chenu, Château-la-Vallière, Courcelles, Channay, Rillé, Hommes, Gizeux, Continvoir, Restigné, Bourgueil et Chouzé.

(1) Chalmel, *Histoire de Touraine*, t. III. Note sur les Intendants, H. Faye, *les Assemblées de la généralité de Tours.*

Au sud de la Loire, elle englobait tout l'ancien Loudunois et s'étendait ou suivait tout le cours de la Dive jusqu'à Ouzilly. Au delà d'Ouzilly, l'élection de Richelieu faisait une pointe dans la généralité de Poitiers, s'avançait à l'ouest jusqu'à St-Generoux, au sud jusqu'à Cherves et Champigny-le-Sec, à quatre lieues de Poitiers, à l'est, jusqu'à Blaslais, Thurageau, Savigny (Vienne), Savigny (Indre-et-Loire) et Marnay. A partir de Vellèches, dans l'élection de Chinon, les limites de la province suivaient le cours de la Vienne, puis longeaient celui de la Creuse jusqu'à Yzeures et Tournon. Enfin, remontant vers le nord, elles suivaient entre la Creuse et le Cher un tracé se confondant presque absolument avec la ligne divisoire séparant actuellement le département d'Indre-et-Loire du département de l'Indre (1).

En résumé, en faisant abstraction de quelques modifications peu importantes sur les frontières du Blaisois, du Vendômois, du Maine et de l'Anjou, les caractères distinctifs qui différencient les limites de l'ancien duché de Touraine de celles de la province consistent principalement en ces deux points : que le Loudunois, la majeure partie du pays de Richelieu et le pays de Mirebeau n'appartenaient pas à l'ancien duché et faisaient partie de la province ; et qu'inversement le pays de Bronne, qui n'appartenait pas à la province, faisait partie intégrante de l'ancien duché.

La carte manuscrite annexée au rapport de M. de Voglie (1766) nous confirme dans cette opinion incontestable.

Au surplus, tous les textes viennent à l'appui des cartes et ne laissent subsister aucun doute.

Dès 1664, l'intendant Colbert de Croissy, dans son rapport au roi sur la généralité de Tours, indiquait les six élections de Tours, Loches, Amboise, Chinon, Richelieu et Loudun.

Le mémoire de Hue de Miromesnil, intendant de justice, police et finances en la généralité, daté de 1698 nous apporte d'importants éléments d'appréciation. « La province de Touraine, y est-il dit, est composée des élections de Tours, Amboise, Loches, Chinon, Loudun et partie de Richelieu. » Et plus loin : « On ne compte dans la province de

(1) A noter toutefois que la petite paroisse d'Ecueillé (Indre) appartenait à l'ancienne Touraine.

Touraine, selon l'ordre de la généralité, que 337 paroisses divisées en 5 élections qui contiennent 53.787 feux et 225.148 âmes ; mais si on y ajoute 20 paroisses dépendantes du duché de Touraine qui sont dans l'élection de Richelieu, 5 dans l'élection de la Flèche, et 28 *hors la généralité de Tours* dans l'élection de Châteauroux, on en trouvera près de 400 contenant environ 60.000 feux et 24.000 âmes. » Le mémoire examine ensuite en détail l'état des 5 élections de Tours, Amboise, Loches, Chinon et Loudun, laissant de côté celle de Richelieu. A propos de Loudun, il indique que « cette ville et le pays de Loudunois dépendent pour le spirituel du diocèse de Poitiers et pour le temporel du duché de Touraine ; ils reconnaissent les officiers de Tours pour la justice, pour la police et pour la finance. » En ce qui concerne la ville titrée de Châtillon il signale « qu'elle est du duché de Touraine, mais du diocèse et de la généralité de Bourges. » De ces divers passages nous pouvons conclure qu'à la fin du XVIIe siècle le Loudunois et partie du pays de Richelieu faisaient partie de la province, que l'autre partie du Richelais, vraisemblablement le Mirebalais, n'appartenait pas à la province non plus que le pays de Brenne.

Un autre document de la même époque nous confirme dans cette opinion. Nous voulons parler d'un ouvrage intitulé *Etat de la France* dont nous n'avons pu restituer la date exacte, mais qui est indiqué comme contemporain du marquis de Dangeau, lequel fut gouverneur de Touraine de 1664 à 1720. « La province de Touraine, y est-il dit, est comprise dans les élections de Tours, Amboise, Loches, Chinon, Loudun et une partie de celle de Richelieu. L'auteur observe que le duché de Touraine avait une étendue bien plus grande que celle du diocèse, mais comme pour former les élections on a été obligé d'en détacher un grand nombre de paroisses qui ont leur ressort, quant à la finance, hors les bornes de ce duché, il se propose d'en faire une remarque exacte pour conserver à cette province sa véritable étendue. » Il indique en effet Châtillon, Buzançais, Palluau et Mézières, c'est-à-dire tout le pays de Brenne, comme étant du duché de Touraine, mais du diocèse et de la généralité de Bourges.

Tout nous porte à croire que ce ne fut qu'au début du XVIIIe siècle, au moment où la carte de Jaillot fut dressée que la partie méridionale du pays de Richelieu, le Mirebalais, fut annexée à la province de Touraine.

Au surplus, un dénombrement du royaume par généralités daté de 1720 comprend dans la généralité de Tours l'élection de Loudun composée de 47 paroisses et celle de Richelieu qui en contenait 76 parmi lesquelles Mirebeau et les paroisses voisines.

Dans le tableau de la généralité daté de 1766, M. de Voglie indique que « la province de Touraine doit être considérée comme composée de 6 élections, par rapport à celle de Richelieu qui a été formée de plusieurs paroisses démembrées du Poitou et d'autres élections voisines et dépendantes de la généralité de Tours; que le nombre des paroisses de la Touraine est par ce moyen de 422. » Parlant de la Brenne, il ajoute que « c'est un canton près Ligueil et la Chapelle-Blanche, qui prend son nom de la petite rivière qui le traverse. Il comprend cinq à six paroisses dont le terrain est assez fertile mais un peu humide, marécageux, et rempli d'étangs. »

Chalmel, dans son *Histoire de Touraine*, écrite sur la foi des documents ci-dessus analysés, indique lui aussi la division de la province en 6 élections. Au sujet de la Brenne il dit : « Ce pays était du diocèse et de la généralité de Bourges, mais du gouvernement de Touraine. De là vient que quelques-uns l'ont mis dans la Touraine, et d'autres dans le Berri. Il n'occupe en Touraine que six ou sept communes entre l'Indre et la Claise. Ce qui se trouve entre le Claise et la Creuse est partie du Poitou et partie du Berri. »

Enfin nous retrouvons dans les *Almanachs de Touraine*, et dans les procès-verbaux de l'assemblée provinciale tenue à Tours en 1787 la preuve que la division en 6 élections subsiste jusqu'en 1790.

Seule une carte publiée vers 1750 par Robert de Vaugondy, et éditée dans les *Almanachs de Touraine*, serait de nature à faire illusion sur les véritables limites de la province, si elle n'était pas soumise à une critique minutieuse. Cette carte intitulée *Carte de Touraine* présente cette double particularité qu'elle comprend le pays de Brenne et qu'inversement elle ne comprend pas le Loudunois et le Richelais. Qu'en faut-il conclure sinon que ce document n'est à vrai dire qu'une carte de la région et non de la province proprement dite ? L'éditeur des *Almanachs de Touraine* a soin de le dire en termes des moins équivoques dans le *Nouvel avertissement* qui sert d'introduction à l'*Almanach* de 1763. « Le détail géographique de cette province que nous nous proposons de donner, dit-il, ne sera point une géographie de la province par élection, ni celle du duché de Touraine qui divisé, augmenté, à différentes fois, a souffert des variations sans nombre. Nous nous bornerons seulement à donner une idée nette et précise de la province suivant l'étendue et du diocèse et de la nouvelle carte que nous présentons au public qui ne contiennent l'un et l'autre que les 4 élections de Tours, Loches, Amboise et Chinon. » On voit qu'il faut se garder de chercher dans ce document aucune indication probante touchant les limites officielles de la province proprement dite, prise dans le sens de division administrative. Au surplus, si l'on se reporte à l'atlas de Robert de Vaugondy dont est extraite la carte éditée dans les almanachs de Touraine il est facile d'acquérir la conviction que l'on est en présence d'une carte du gouvernement et non de la province. Sous le titre *Carte des gouvernements de l'Anjou, de la Touraine, du Maine, du Perche et du Saumurois*, le géographe donne avec précision les limites de ces divisions militaires qui, ainsi que nous l'avons déjà dit, n'avaient rien de commun avec les divisions administratives. Aussi ne faut-il pas s'étonner de voir la Brenne comprise dans le gouvernement de Touraine, et inversement Richelieu, Mirebeau et Loudun compris dans le gouvernement du Saumurois. La confusion que pourrait faire naître un examen superficiel de ces documents est une preuve du soin qu'il faut apporter dans la critique des textes qui servent à éclairer cette importante question.

H. FAYE.

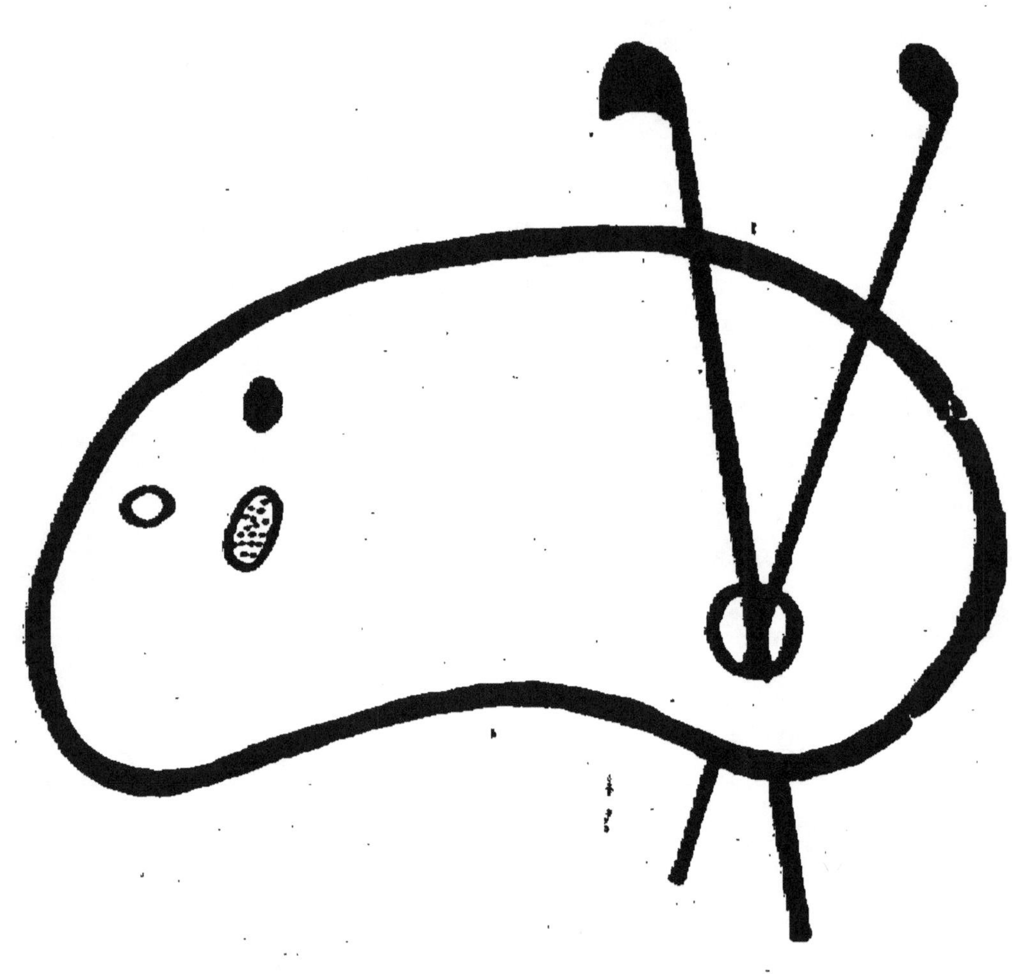